Vandana Shiva

The Corporate Control of Life /
Die Kontrolle von Konzernen
über das Leben

dOCUMENTA (13)

HATJE
CANTZ

Neem

Fight Against Biopiracy
and Rejuvenation of
Traditional Knowledge

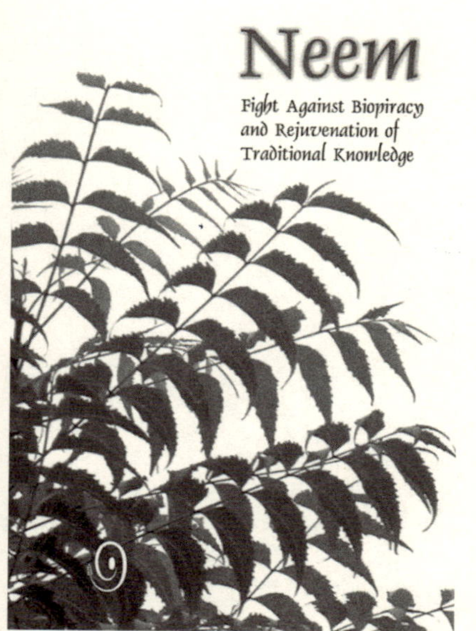

Vandana Shiva

The Corporate Control of Life / Die Kontrolle von Konzernen über das Leben

Vandana Shiva
The Corporate Control of Life

Life in all its variety and diversity is rapidly becoming the "property" of corporations through patents and "intellectual property rights."

A patent is an exclusive right granted for an invention. Life, however, is not an invention. We can modify life-forms, we can manipulate living organisms. But we do not create life.

The first patent on life was granted to General Electric for a genetically engineered bacterium. In 1971, General Electric and one of its employees, Ananda Mohan Chakrabarty, applied for a U.S. patent on a genetically engineered *Pseudomonas* bacterium. Taking plasmids from three kinds of bacteria, Chakrabarty transplanted them into a fourth. As he explained, "I simply shuffled genes, changing bacteria that already existed." Chakrabarty was granted his patent on the grounds that the microorganism was not a product of nature, but his invention and, therefore, patentable. As Andrew Kimbrell, a leading U.S. lawyer, recounts, "In coming to its precedent-shattering decision, the court seemed unaware that the inventor himself had characterized his 'creation' of the microbe as simply 'shifting' genes, not creating life." On such slippery grounds, the first patent on life was granted, and, in spite of the exclusion of plants and animals from patenting under U.S. law, the United States has since rushed to grant patents on all kinds of life-forms.

Referring to the landmark Chakrabarty case, in which the court found that he had "produced a new bacterium with markedly different characteristics than any found in nature," Robert Key Dismukes, study director for the Committee on Vision of the National Academy of Sciences in the United States, said:

> Let us at least get one thing straight: Ananda Chakrabarty did not create a new form of life; he merely intervened in the normal processes by which strains of bacteria exchange genetic information, to produce a new strain with an altered metabolic pattern. "His" bacterium lives and reproduces itself under the forces that guide all cellular life. Recent advances in recombinant DNA techniques allow more direct biochemical manipulation of bacterial genes than Chakrabarty employed, but these too are only modulations of biological processes. We are incalculably far away from being able to create life *de novo*, and for that I am profoundly grateful. The argument that the bacterium is Chakrabarty's handiwork and not nature's wildly exaggerates human power and displays the same hubris and ignorance of biology that have had such devastating impact on the ecology of our planet.

This display of hubris and ignorance becomes even more conspicuous when the reductionist biologists who claim patents on life declare that 95 percent of DNA is "junk DNA," meaning that its function is not known. When genetic engineers claim to "engineer" life, they often have to use this "junk DNA" to get their results.

Take the case of a sheep named Tracy, a "biotechnological invention" of the scientists of Pharmaceutical Proteins Ltd. (PPL). Tracy was called a "mammalian cell bioreactor" because, through the introduction of human genes, her mammary glands were engineered to produce a protein, alpha-1 antitrypsin, for the pharmaceutical industry. As Ron James, Director of PPL, stated, "The mammary gland is a very good factory. Our sheep are furry little factories walking around in fields, and they do a superb job."

While they claim that genetic engineers created the "biotechnological invention," the scientists at PPL had to use "junk DNA" to get high yields of alpha-1 antitrypsin. According to James, "We left some of these random bits of DNA in the gene, essentially as God provided it, and that produced high yield." In claiming the patent, however, it is the scientist who becomes God, the creator of the patented organism.

Further, future generations of the animal are clearly not "inventions" of the patent holder;

they are the product of the regenerative capacity of the organism. Thus, though the metaphor for patenting is "engineers" who "make machines," of the 550 sheep eggs injected with hybrid DNA, 499 survived. When these were transplanted into surrogate mothers, only 112 lambs were born, just five of which had incorporated the human gene into their DNA. Of these, only three produced alpha-1 antitrypsin in their milk; two of them delivered three grams of proteins per liter of milk. But Tracy was the only lamb among the 112 engineered ones to become PPL's "sheep that lays golden eggs"; she produced thirty grams per liter.

Patenting living organisms encourages two forms of violence. First, life-forms are treated as if they were mere machines, thus denying their self-organizing capacity. Second, by allowing the patenting of future generations of plants and animals, the self-reproducing capacity of living organisms is denied.

Living organisms, unlike machines, organize themselves. Because of this capacity, they cannot be treated as simply "biotechnological inventions," "gene constructs," or "products of the mind" that need to be protected as "intellectual property." The engineering paradigm of biotechnology is based on the assumption that life can be made. Patents on life are based on the assumption that life can be owned because it has been constructed.

Genetic engineering and patents on life are the ultimate expression of the commercialization of science and the commodification of nature that began the Scientific and Industrial Revolutions. As Carolyn Merchant has analyzed in *The Death of Nature*, the rise of reductionist science allowed nature to be declared dead, inert, and valueless. Hence, it allowed for the exploitation and domination of nature, in total disregard of the social and ecological consequences.

The rise of reductionist science was linked with the commercialization of science and resulted in the domination of women and non-Western peoples. Their diverse knowledge systems were not treated as legitimate ways of knowing. With commercialization as the objective, reductionism became the criterion of scientific validity. Nonreductionist and ecological ways of knowing, and nonreductionist and ecological systems of knowledge, were pushed out and marginalized.

The genetic-engineering paradigm is now pushing out the last remnants of ecological paradigms by redefining living organisms and biodiversity as "man-made" phenomena. Patenting life was transformed into international law through the Agreement on Trade-Related Aspects of Intellectual Property Rights (TRIPS) of the General Agreement on Tariffs and Trade (GATT) by the World Trade Organization (WTO). The TRIPS agreement is not the result of democratic negotiations between the larger public and commercial interests, or between industrialized countries and the Third World. It is the imposition of the values and interests of Western transnational corporations on the diverse societies and cultures of the world.

The framework for the TRIPS agreement was conceived and shaped by three organizations—the Intellectual Property Committee (IPC), Keidanren, and the Union of Industrial and Employers' Confederations of Europe (UNICE). IPC was a coalition of a varying number of major U.S. corporations—Bristol-Myers Squibb, DuPont, General Electric, General Motors, Hewlett Packard, IBM, Johnson & Johnson, Merck, Monsanto, Pfizer, Rockwell, and Warner, among others. Keidanren is a federation of economic organizations in Japan, and the former UNICE (today BUSINESS-EUROPE) is recognized as the official organ of European business and industry.

Transnational corporations have a vested interest in the TRIPS agreement. For example, Pfizer, Bristol-Myers Squibb, and Merck have patents on Third World biomaterials collected without payment of royalties. Together, these groups worked closely to introduce intellectual-property protection into the GATT.

Commenting on the IPC strategy, James Enyart of Monsanto stated:

> Since no existing trade group or association really filled the bill, we had to create one. . . . Once created, the first task of the IPC was to

repeat the missionary work we did in the U.S. in the early days, this time with the industrial associations of Europe and Japan to convince them that a code was possible. . . . We consulted many interest groups during the whole process. It was not an easy task but our Trilateral Group was able to distill from the laws of the more advanced countries the fundamental principles for protecting all forms of intellectual property. . . . Besides selling our concepts at home, we went to Geneva where [we] presented [our] document to the staff of the GATT Secretariat. We also took the opportunity to present it to the Geneva based representatives of a large number of countries. . . . What I have described to you is absolutely unprecedented in GATT. Industry has identified a major problem for international trade. It crafted a solution, reduced it to a concrete proposal and sold it to our own and other governments. . . . The industries and traders of world commerce have played simultaneously the role of patients, the diagnosticians and the prescribing physicians.

The TRIPS agreement of the GATT/WTO, by allowing for monopolistic control of life-forms, has serious ramifications for biodiversity conservation and the environment. Article 27.5.3(b) of the TRIPS agreement states:

> 3. Members may also exclude from patentability:
> (b) plants and animals other than micro-organisms, and essentially biological processes for the production of plants or animals other than non-biological and microbiological processes. However, parties shall provide for the protection of plant varieties either by patents or by an effective *sui generis* system or by any combination thereof. This provision shall be reviewed four years after the date of entry into force of the WTO Agreement.

The most significant ecological impacts of TRIPS are related to changes in the ecology of species interactions that will be brought about as a result of commercial releases of patented and genetically engineered organisms (GEOs). TRIPS also affects biodiversity rights, which, in turn, lead to changes in the sociocultural context of conservation. Some of these impacts are:

· The spread of monocultures as corporations with IPRs attempt to maximize returns on investments by increasing market share.

· An increase in chemical pollution as biotechnology patents create an impetus for genetically engineered crops resistant to herbicides and pesticides.

· New risks of biological pollution as patented genetically engineered organisms are released into the environment.

· An undermining of the ethics of conservation as the intrinsic value of species is replaced by an instrumental value associated with intellectual-property rights.

· The undermining of traditional rights of local communities to biodiversity and, hence, a weakening of their capacity to conserve biodiversity.

· Patents on life also promote "biopiracy." The seeds, biodiversity, and knowledge of non-Western societies are defined as "raw material," denying the creativity of women and indigenous communities.

A 1983 forum on plant breeding, sponsored by Pioneer Hi-Bred, stated that

> some insist that since germplasm is a resource belonging to the public, such improved varieties would be supplied to farmers in the source country at either zero or low cost. This overlooks the fact that "raw" germplasm only becomes valuable after considerable investment of time and money, both in adapting exotic germplasm for use by applied plant breeders and in incorporating the germplasm into varieties useful to farmers.

Biopiracy

What corporations call "raw germplasm" is the result of centuries of collective, creative innovation by diverse cultures. Patenting biodiversity and the knowledge embodied in it has led to an epidemic of "biopiracy."

On March 8, 2005, International Women's Day, we won a major victory in a biopiracy case after a ten-year legal battle in the European Patent Office. The United States Department of Agriculture and W. R. Grace jointly claimed to have "invented" the use of the neem tree (*Azadirachta indica*) for controlling pests and diseases in agriculture. On the basis of this claim, they were granted patent number EP 0 436 257 B1 by the European Patent Office.

Neem, or *azad darakht* to use its Persian name, which translates as "free tree," has been used as a natural pesticide and medicine in India for more than 2,000 years. As a response to the 1984 disaster at Union Carbide's pesticide plant in Bhopal, I started a campaign with the slogan "No more Bhopals, plant a neem." A decade later, we found that because W. R. Grace was claiming to have invented the use of neem, the free tree was no longer going to be freely accessible to us. We launched a challenge to the neem biopiracy, and more than 100,000 people joined the campaign. Another decade later, success— the European Patent Office revoked the patent.

Our success in defeating the claims of the U.S. government and U.S. corporations to traditional knowledge and biodiversity was achieved because we combined research with action, and mobilized and built movements at the local level. Three women working in global solidarity—Magda Aelvoet, former President of the Greens in the European Parliament; Linda Bullard, President of the International Federation of Organic Agriculture Movements (IFOAM); and myself—saw the case through for more than a decade without losing hope. Our lawyer, Dr. Dolder, a professor of intellectual property at Basel University, gave his best without expecting typical patent-lawyer fees.

The neem victory throws light on one of the most pernicious aspects of the current rules of globalization—the TRIPS agreement. TRIPS allows global corporations to patent anything and everything—life-forms, seeds, plants, medicines, and traditional knowledge. Patents are supposed to satisfy three criteria: novelty, nonobviousness, and utility. "Novelty" requires that the invention not be part of "prior art" or existing knowledge; "nonobviousness" requires that someone familiar with the prior art would not have taken the same step. Most patents based on the appropriation of indigenous knowledge violate these criteria, because they range from direct piracy to minor tinkering involving steps obvious to anyone trained in the techniques and disciplines involved. Since a patent is an exclusive right granted for an invention, patents on life and traditional knowledge are twice as harmful and add insult to injury. Such patents are not based on inventions; they serve as instruments for preventing the poor from satisfying their own needs and using their own biodiversity and their own knowledge.

Patents on seeds not only allow monopolies on genetically engineered seed, they allow patenting of traditional varieties and properties used by farmers over millennia. This biopiracy is illustrated in the cases of rice and wheat.

Basmati has been grown for centuries on the subcontinent, as is evident from ancient texts, folklore, and poetry. One of the earliest references to basmati is made in the famous epic *Heer Ranjha,* written by the poet Waris Shah in 1766. This naturally perfumed variety of rice has been treasured and possessively guarded by nobles and coveted by foreigners. It has evolved over centuries of observation, experimentation, and selection by farmers who have developed numerous varieties of the rice to meet various ecological conditions, cooking needs, and tastes. There are twenty-seven documented varieties of basmati grown in India. The superior qualities of basmati must be predominantly attributed to the contributions of the subcontinent's farmers.

On September 2, 1997, Texas-based Rice-Tec was granted patent number 5663484 on basmati rice lines and grains. The patent of this "invention" was exceptionally broad and included twenty claims within it. The patent covered the genetic lines of basmati and included genes from the varieties developed by farmers. It thus automatically covered farmers' varieties and allowed RiceTec to collect royalties from farmers growing varieties developed by them and their forefathers. RiceTec's strain, trading under brand names such as Kasmati, Texmati, and Jasmati, possess the same qualities—long grain, distinct aroma, high yield, and semi-dwarf growth—as our traditional Indian varieties. RiceTec is essentially derived from basmati; it cannot be claimed as "novel" and therefore should not be patentable. Through a four-year-long campaign, we overturned most of RiceTec's patent claims to basmati.

Wheat is an integral part of the life of most Indians. It has been the principal crop in several regions of India for thousands of years. India is the second-largest producer of wheat (73.5 million tons) after China. Twenty-five million hectares of wheat are cultivated in India. In addition to being the staple food of most Indians, wheat is closely associated with religious ceremonies and festivals. Each traditional variety has its own religious or cultural significance. The different varieties of wheat, the use of different wheat preparations in rituals, and the medicinal and therapeutic properties of wheat have all been documented in ancient Indian text and scriptures.

Monsanto's patent, registered with the European Patent Office, claims to have "invented" wheat plants derived from a traditional Indian variety and products made from the soft milling traits that traditional Indian wheat provides. Monsanto's patent claims its plants were derived from varieties of traditional Indian wheat called Nap Hal. There is no traditional Indian wheat called Nap Hal. In Hindi, the words would mean "that which gives no fruit" and could be a name for Monsanto's terminator seeds. "Nap Hal" is evidently a distortion of "Nepal," since the wheat varieties were collected near the Nepalese border.

In February 2004, the Research Foundation and Greenpeace filed a legal challenge against Monsanto's biopiracy. By September, Monsanto's patent had been revoked. These victories do not mean our work is over. Corporations continue to patent life-forms and pirate traditional knowledge. They also continue to impose unjust and immoral seed and patent laws on countries.

Under the guise of developing "climate-ready" crops, for instance, the world's largest seed and agrochemical corporations are filing hundreds of sweeping, multigenome patents in a bid to control the world's plant biomass. There are 1,663 patent documents published worldwide (both applications and issued patents) that make specific claims on environmental-stress tolerance in plants (stresses such as drought, heat, flood, cold, and salt). DuPont, Monsanto, BASF, Bayer, Syngenta, and their biotech partners account for three-quarters (77 percent) of the patent families identified. Just three companies—DuPont, BASF, Monsanto—account for more than two-thirds of the total. Public-sector researchers hold only 10 percent.

These patents are the latest form of biopiracy; farmers have bred seeds for drought, flood, and salt tolerance over millennia. Climate resilience ultimately depends on farmers' innovations, biodiversity, and agro-ecological processes remaining in the hands of farming communities.

Patents—Seed Monopolies

Patents also lead to seed monopolies. The supply of cotton seeds is increasingly slipping out of the hands of farmers and the public system and into the hands of global seed corporations like Monsanto. The entry of seed multinational corporations was part of the globalization process.

Corporate seed supply implies a number of shifts simultaneously. First, giant corporations start to control local seed companies through buyouts, joint ventures, and licensing arrangements, leading to seed monopolies.

Second, seed is transformed from a common good into the "intellectual property" of Monsanto, for which the corporation can claim limitless profits through royalty payments. For the farmer, this means deeper debt.

Third, seed is transformed from a renewable, regenerative, multiplicative resource into a nonrenewable resource and commodity. Seed scarcity and seed farmers are a consequence of seed monopolies, which are based on renewability of seed, beginning with hybrids, moving to genetically engineered seed like Bt cotton, with the ultimate aim of a "terminator" seed, which is engineered for sterility. Each of these technologies of nonrenewability is guided by one factor alone—forcing farmers to buy seed every planting season. For farmers, this means higher costs. For seed corporations, it translates into higher profits.

Fourth, the creation of seed monopolies is based on the simultaneous deregulation of seed corporations, including biosafety and seed deregulation, and super-regulation of farmers' seeds and varieties. Globalization allowed seed companies to sell self-certified seeds; in the case of genetically engineered seed, they are seeking self-regulation for biosafety. This is the main aim of the recently proposed Biotechnology Regulatory Authority, which is, in effect, a Biosafety Deregulation Authority. The proposed Seeds Bill, 2004, which has been blocked by a massive nationwide Gandhian Seed Satyagraha by farmers, aims at forcing every farmer to register the varieties they have evolved over millennia. This compulsory registration and licensing system robs farmers of their fundamental freedoms.

Finally, corporate seeds impose monocultures on farmers. Mixed croppings of cotton with cereals, legumes, oilseeds, and vegetables are replaced with a monoculture of Bt cotton hybrids.

State regulation kills biodiversity and pushes all farmers into dependence on patented corporate seed. Such compulsory licensing has been the main vehicle of the destruction of biodiversity and farmers' rights in the United States and Europe.

An epidemic of suicides among farmers has spread across four states of India—Maharashtra, Andhra Pradesh, Karnataka, and Punjab—in the past decade. The suicides, most frequent where farmers grow cotton, are a direct result of the creation of seed monopolies related to Bt cotton, which now constitutes 95 percent of all GMO cotton. According to official data, more than 200,000 farmers have committed suicide in India since 1997. For Third World farmers, corporate control of life translates into extinguishing their life.

Vandana Shiva (b. 1952) is a physicist, activist, and founder of Navdanya International, a network of seed keepers and organic producers spread across sixteen states in India.

Vandana Shiva
Die Kontrolle von Konzernen über das Leben

Durch Patente und »Rechte an geistigem Eigentum« wird das Leben in seiner ganzen Bandbreite und Diversität zunehmend zum »Eigentum« von Konzernen.

Ein Patent ist ein amtlich erteiltes Recht zur alleinigen Benutzung und Verwertung einer Erfindung. Doch das Leben ist keine Erfindung. Wir können Lebensformen verändern und wir können lebende Organismen beeinflussen. Aber wir erzeugen kein Leben.

Das erste Patent auf Leben erhielt General Electric für ein gentechnisch verändertes Bakterium. 1971 meldeten General Electric und einer seiner Angestellten, Ananda Mohan Chakrabarty, ein gentechnisch modifiziertes Pseudomonas-Bakterium in den USA zum Patent an. Chakrabarty hatte Plasmide von drei verschiedenen Bakterienarten verwendet und diese in eine vierte transplantiert. Er erläuterte: »Ich habe einfach Gene gemischt und dadurch bereits existierende Bakterien verändert.« Chakrabarty erhielt sein Patent aufgrund der Tatsache, dass der Mikroorganismus kein Naturprodukt, sondern seine Erfindung und daher patentierbar war. Wie Andrew Kimbrell, ein führender US-amerikanischer Anwalt, rückblickend erklärt: »Als das Gericht seine Entscheidung fällte, die alle Präzedenzfälle zunichte machte, schien es sich nicht darüber im Klaren zu sein, dass der Erfinder selbst seine ›Schöpfung‹ der Mikrobe als eine einfache ›Verschiebung‹ von Genen und nicht als die Schaffung von Leben charakterisiert hatte.« Auf dieser unsicheren Grundlage wurde das erste Patent auf Leben gewährt, und obwohl das US-amerikanische Recht die Patentierung von Pflanzen und Tieren ausschließt, haben sich die Vereinigten Staaten seither beeilt, Patente auf alle Arten von Lebensformen zu erteilen.

Mit Blick auf den wegweisenden Chakrabarty-Fall, bei dem das Gericht befand, dass dieser »ein neues Bakterium mit merklich anderen Eigenschaften als den in der Natur vorgefundenen produziert« habe, bemerkte Key Dismukes, Studienleiter des Committee on Vision der National Academy of Sciences in den Vereinigten Staaten:

> Lassen Sie uns wenigstens eines klarstellen: Ananda Chakrabarty hat keine neue Lebensform geschaffen; er griff lediglich in die normalen Abläufe ein, durch die Bakterienstämme genetische

Informationen austauschen, um einen neuen
Stamm mit einem veränderten Stoffwechsel zu
produzieren. »Sein« Bakterium lebt und repro-
duziert sich durch die Kräfte, die alle lebenden
Zellen steuern. Jüngste Fortschritte in der DNA-
Rekombinationstechnik ermöglichen direktere
biochemische Manipulationen der Gene von
Bakterien, als Chakrabarty sie verwendete, aber
auch diese sind nur Modulationen biologischer
Prozesse. Wir sind unberechenbar weit entfernt
davon, Leben neu schaffen zu können, und da-
für bin ich zutiefst dankbar. Das Argument, dass
das Bakterium Chakrabartys Werk und nicht ein
Werk der Natur sei, ist eine wüste Übertreibung
der menschlichen Fähigkeiten und zeigt ebenjene
Hybris und Unkenntnis der Biologie, die bereits
verheerende Auswirkungen auf die Ökologie un-
seres Planeten hatten.

Hybris und Unkenntnis treten noch deutlicher
zutage, wenn die reduktionistischen Biologen,
die Patente auf das Leben beantragen, erklären,
95 Prozent der DNA sei »Junk-DNA«, womit
sie meinen, dass ihre Funktion unbekannt ist.
Wenn Gentechniker behaupten, Leben »tech-
nisch zu erzeugen«, müssen sie oftmals diese
»Junk-DNA« verwenden, um zu ihren Ergeb-
nissen zu gelangen.

Nehmen Sie beispielsweise den Fall eines
Schafs namens Tracy, eine »biotechnologische
Erfindung« der Wissenschaftler von Pharmaceutical Proteins Ltd. (PPL). Man bezeich-
nete Tracy als »Säugetier-Zellbioreaktor«, weil
ihre Brustdrüsen durch die Transplantation
eines menschlichen Gens manipuliert wurden, um für die pharmazeutische Industrie das

Eiweiß Alpha-1-Antitrypsin zu produzieren.
Wie Ron James, der Direktor von PPL, fest-
stellte: »Die Brustdrüse ist eine sehr gute Fa-
brik. Unsere Schafe sind wollige kleine Fabri-
ken, die auf den Feldern herumlaufen, und sie
leisten hervorragende Arbeit.«

Obwohl sie behaupten, dass Gentechniker
die »biotechnologische Erfindung« kreierten,
mussten die Wissenschaftler von PPL »Junk-
DNA« verwenden, um einen hohen Ertrag an
Alpha-1-Antitrypsin zu erzielen. James zufolge »haben wir einige dieser beliebigen DNA-
Stücke im Grunde so im Gen hinterlassen,
wie es von Gott geschaffen wurde, und das
führte zu dem hohen Ertrag«. Wenn man jedoch ein Patent anmeldet, wird der Wissenschaftler zu Gott, dem Schöpfer des paten-
tierten Organismus.

Zudem sind zukünftige Generationen des
Tiers offenkundig keine »Erfindungen« des
Patentinhabers; sie sind das Produkt der Re-
produktionsfähigkeit des Organismus. Doch
obwohl die Metapher für die Patentierung »In-
genieure« sind, die »Maschinen bauen«, über-
lebten nur 499 der 550 Eizellen von Schafen,
denen die hybride DNA injiziert wurde. Nach-
dem man diese Eizellen Leihmüttern einge-
pflanzt hatte, wurden nur 112 Lämmer gebo-
ren, von denen nur fünf das menschliche Gen
in ihre DNA eingebaut hatten. Von diesen pro-
duzierten nur drei Alpha-1-Antitrypsin in ih-

rer Milch, wobei zwei der Schafe drei Gramm
Protein pro Liter Milch lieferten. Tracy war
das einzige der 112 gentechnisch manipulier-
ten Lämmer, das zu PPLs »Schaf, das goldene
Eier legt« wurde und dreißig Gramm pro Liter
produzierte.

Die Patentierung lebender Organismen för-
dert zwei Formen von Gewalt. Erstens werden
Lebensformen behandelt, als seien sie nur Maschinen, was ihre Fähigkeit zur Selbstorganisa-
tion leugnet. Zweitens spricht man ihnen die
Fähigkeit zur selbstständigen Reproduktion
ab, wenn man die Patentierung künftiger Generationen von Pflanzen und Tieren erlaubt.

Im Unterschied zu Maschinen organi-
sieren sich lebende Organismen selbst. Man
kann sie nicht einfach wie »biotechnologische
Erfindungen«, »Genkonstrukte« oder »geistige
Erzeugnisse« behandeln, die als »geistiges Eigentum « geschützt werden müssten. Das In-
genieur-Paradigma der Biotechnologie beruht
auf der Annahme, dass man Leben herstellen
kann. Die Patentierung von Leben beruht auf
der Annahme, dass man Leben besitzen kann,
weil es konstruiert wurde.

Gentechnologie und Patente auf Leben sind
der schlimmste Ausdruck einer Kommerzialisierung der Wissenschaft und einer Verding-
lichung der Natur, die mit der wissenschaftli-
chen und industriellen Revolution ihren Anfang
nahmen. Wie Carolyn Merchant in *The Death of*

Nature (dt. *Der Tod der Natur*, 1987) analysierte, erlaubte es das Aufkommen einer reduktionistischen Wissenschaft, die Natur für tot, träge und wertlos zu erklären. Sie ließ daher die Ausbeutung und Beherrschung der Natur zu, unter vollständiger Vernachlässigung der gesellschaftlichen und ökologischen Folgen.

Der Aufstieg einer reduktionistischen Wissenschaft ging einher mit der Kommerzialisierung der Wissenschaft und führte zur Herrschaft über Frauen und nichtwestliche Völker. Ihre mannigfaltigen Wissenssysteme wurden nicht als legitime Formen von Wissen behandelt. Mit dem Ziel der Kommerzialisierung wurde der Reduktionismus zum Kriterium wissenschaftlicher Gültigkeit. Nichtreduktionistische und ökologische Wissensformen sowie nichtreduktionistische und ökologische Wissenssysteme wurden verdrängt und marginalisiert.

Das Paradigma der Gentechnik verdrängt inzwischen die letzten Überbleibsel ökologischer Paradigmen, indem es lebende Organismen und Artenvielfalt als »vom Menschen gemachte« Phänomene neu definiert. Die Patentierung von Leben wurde durch das TRIPS-Abkommen (Trade-Related Aspects of Intellectual Property Rights) im Rahmen des Allgemeinen Zoll- und Handelsabkommens (GATT) der Welthandelsorganisation (WTO) in internationales Recht transformiert. Das TRIPS-Abkommen des GATT ist nicht das Ergebnis demokratischer Verhandlungen zwischen einer breiteren Öffentlichkeit und kommerziellen Interessen oder zwischen den Industrienationen und der Dritten Welt. Es zwingt den unterschiedlichen Gesellschaften und Kulturen der Welt die Werte und Interessen westlicher transnationaler Konzerne auf.

Die Grundstruktur für das TRIPS-Abkommen wurde von drei Organisationen entwickelt und gestaltet – dem Intellectual Property Committee (IPC), Keidanren und der Union of Industrial and Employers' Confederations of Europe (Union der Industrie- und Arbeitgeberverbände Europas, UNICE). IPC war ein Zusammenschluss einer variierenden Zahl bedeutender US-amerikanischer Konzerne – unter anderem Bristol-Myers Squibb, DuPont, General Electric, General Motors, Hewlett Packard, IBM, Johnson & Johnson, Merck, Monsanto, Pfizer, Rockwell und Warner. Keidanren ist ein Verband der japanischen Wirtschaftsorganisationen, und UNICE (heute BUSINESS-EUROPE) wird als offizieller Repräsentant europäischer Unternehmerinteressen anerkannt.

Die transnationalen Konzerne haben ein starkes Eigeninteresse am TRIPS-Abkommen. So besitzen Pfizer, Bristol-Myers Squibb und Merck bereits Patente auf Biomaterial der Dritten Welt, das ohne die Zahlung von Lizenzgebühren gesammelt wurde. Diese Gruppen haben eng zusammengearbeitet,

um den Schutz von geistigem Eigentum in
das GATT-Abkommen einzuführen.

James Enyart von Monsanto erklärte in sei-
nem Kommentar zur Strategie des IPC:

> Da keine bestehende Handelsgruppe oder -ver-
> einigung den Anforderungen wirklich entsprach,
> mussten wir sie gründen. […] Sobald sie ins Le-
> ben gerufen war, bestand die erste Aufgabe des
> IPC darin, die missionarische Arbeit, die wir an-
> fangs in den USA geleistet hatten, zu wiederholen,
> und zwar dieses Mal mit den Industrieverbänden
> in Europa und Japan, um sie davon zu überzeu-
> gen, dass ein Gesetz möglich war […]. Wir zogen
> während des gesamten Prozesses zahlreiche Inte-
> ressengruppen hinzu. Das war keine leichte Auf-
> gabe, aber es gelang unserer trilateralen Gruppe,
> aus den Gesetzen der stärker entwickelten Länder
> die grundlegenden Prinzipien für den Schutz aller
> Formen von geistigem Eigentum herauszudestil-
> lieren. […] Wir setzten unsere Konzepte nicht nur
> in unserem Land um, sondern gingen nach Genf,
> wo [wir] dem Mitarbeiterstab des GATT-Sekre-
> tariats [unser] Dokument vorstellten. Wir nutzten
> auch die Gelegenheit, es den Genfer Repräsen-
> tanten vieler anderer Länder vorzustellen […].
> Was ich Ihnen beschrieben habe, ist im Rahmen
> des GATT-Vertragssystems absolut beispiellos.
> Die Industrie erkannte ein bedeutendes Hindernis
> für den internationalen Handel. Sie entwickelte
> eine Lösung, reduzierte sie auf einen konkreten
> Vorschlag und verkaufte sie unserer eigenen und
> anderen Regierungen […]. Die Industrien und
> Unternehmen des Welthandels haben gleichzeitig
> die Rollen von Patienten, Diagnostikern und ver-
> ordnenden Ärzten gespielt.

Das TRIPS-Abkommen der Welthandelsorganisation, das die monopolistische Kontrolle von

Lebensformen erlaubt, hat gravierende Auswirkungen auf den Schutz der Artenvielfalt und der Umwelt. Abschnitt 5, Artikel 27.3 (b) des TRIPS-Abkommens besagt:

> (3) Die Mitglieder können von der Patentierbarkeit auch ausschließen:
> b) Pflanzen und Tiere, mit Ausnahme von Mikroorganismen, und im wesentlichen biologische Verfahren für die Züchtung von Pflanzen oder Tieren mit Ausnahme von nicht-biologischen und mikrobiologischen Verfahren. Die Mitglieder sehen jedoch den Schutz von Pflanzensorten entweder durch Patente oder durch ein wirksames System sui generis oder durch eine Kombination beider vor. Die Bestimmungen dieses Buchstabens werden vier Jahre nach dem Inkrafttreten des WTO-Übereinkommens überprüft.

Die bedeutendsten ökologischen Auswirkungen des TRIPS-Abkommens betreffen Veränderungen in der Ökologie der Wechselbeziehungen zwischen verschiedenen Arten infolge der kommerziellen Freisetzung patentierter und gentechnisch veränderter Organismen (GEOs). Das TRIPS-Abkommen beeinflusst außerdem Rechte der Artenvielfalt, was wiederum zu Veränderungen im soziokulturellen Kontext von Umwelt- und Naturschutz führt. Einige dieser Auswirkungen sind:

· Die Verbreitung von Monokulturen, wenn Konzerne mit IPRs (Rechten an geistigem Eigentum) versuchen, ihre Kapitalerträge durch die Vergrößerung von Marktanteilen zu maximieren.

- Eine zunehmende Umweltverschmutzung durch Chemikalien, da biotechnologische Patente Impulse für gentechnisch verändertes Saatgut geben, das gegen Herbizide und Pestizide resistent ist.
- Neue Risiken einer biologischen Umweltverschmutzung, wenn patentierte gentechnisch veränderte Organismen in die Umwelt gelangen.
- Eine Aushöhlung der Ethik des Umweltschutzes, da der immanente Wert der Arten durch einen instrumentellen Wert ersetzt wird, der auf Rechten an geistigem Eigentum beruht.
- Eine Aushöhlung der traditionellen Rechte lokaler Communitys auf Artenvielfalt und eine damit einhergehende Schwächung ihrer Fähigkeit, die Artenvielfalt zu erhalten.
- Zudem fördern Patente auf Leben »Biopiraterie«. Man definiert Saatgut, biologische Vielfalt und das Wissen nichtwestlicher Gesellschaften als »Rohmaterial«, wodurch die Kreativität von Frauen und indigenen Communitys geleugnet wird.

Auf einem Forum, das 1983 von dem Agrarunternehmen Pioneer Hi-Bred gesponsert wurde, hieß es:

> Manche beharren darauf, dass solche verbesserten Sorten – da es sich bei Keimplasma um eine Ressource handelt, die der Öffentlichkeit gehört – den Bauern im Herkunftsland zu einem

niedrigen Preis oder kostenlos zur Verfügung gestellt werden sollten. Damit wird die Tatsache übersehen, dass »rohes« Keimplasma erst nach beträchtlichen Investitionen von Zeit und Geld wertvoll wird, sowohl bei der Bearbeitung von exotischem Keimplasma für die praktische Verwendung durch Pflanzenzüchter als auch bei der Einarbeitung des Keimplasmas in Sorten, die den Bauern nützlich sind.

Biopiraterie

Was Konzerne als »rohes Keimplasma« bezeichnen, ist das Ergebnis kollektiver kreativer Innovationen verschiedener Kulturen. Die Patentierung der Biodiversität und des in ihr verkörperten Wissens hat zur epidemischen Verbreitung von »Biopiraterie« geführt.

Am 8. März 2005, dem Internationalen Frauentag, haben wir nach einem zehnjährigen Rechtsstreit beim Europäischen Patentamt einen bedeutenden Sieg in einem Verfahren gegen Biopiraterie errungen. Das US-Landwirtschaftsministerium und das Unternehmen W. R. Grace hatten gemeinsam behauptet, die Verwendung des Niembaums (*Azadirachta indica*) zur Bekämpfung des Pilzbefalls von Pflanzen »erfunden« zu haben. Auf der Grundlage dieser Behauptung war ihnen vom Europäischen Patentamt das Patent EP 0 436 257 B1 erteilt worden.

Niem oder *azad darakht,* um seinen persischen Namen zu verwenden, der soviel wie freier oder freigiebiger Baum bedeutet, wurde in Indien seit über 2.000 Jahren als natürliches Pestizid und Medizin verwendet. Als Reaktion auf die Giftgas-Katastrophe in einer Pestizidfabrik der Union Carbide Corporation in Bhopal 1984 startete ich eine Kampagne mit dem Slogan: »Kein neues Bhopal, pflanze einen Niembaum.« Zehn Jahre später stellten wir fest, dass der freie Baum für uns nicht mehr frei zugänglich sein würde, weil W. R. Grace behauptete, die Verwendung des Niembaums erfunden zu haben. Wir erhoben Einspruch gegen die Niem-Biopiraterie, und über 100.000 Menschen unterstützten die Kampagne. Nach weiteren zehn Jahren der Erfolg – das Patent wurde vom Europäischem Patentamt widerrufen.

Unser Kampf gegen die Ansprüche der US-Regierung und US-Konzerne auf traditionelles Wissen und Biodiversität war erfolgreich, weil wir Forschung mit Aktion verbanden und weil wir soziale Bewegungen auf einer lokalen Ebene mobilisierten und aufbauten. Drei Frauen, die in globaler Solidarität arbeiten – Magda Aelvoet, die ehemalige Vorsitzende der Grünen im Europäischen Parlament, Linda Bullard, die Präsidentin der internationalen Dachorganisation des ökologischen Landbaus IFOAM (International Federation of Organic

Agriculture Movements), und ich – begleiteten den Fall über zehn Jahre lang, ohne die Hoffnung aufzugeben. Unser Anwalt Prof. Fritz Dolder, Professor für Geistiges Eigentum und juristische Methodenlehre an der Universität Basel, gab sein Bestes, ohne die für Patentanwälte üblichen Gebühren zu erwarten.

Der Niem-Sieg wirft ein Schlaglicht auf einen der schädlichsten Aspekte der gegenwärtigen Regeln der Globalisierung – das TRIPS-Abkommen. Dieses erlaubt es globalen Konzernen, sich alles nur Erdenkliche patentieren zu lassen – Lebensformen, Saatgut, Pflanzen, Medikamente und traditionelles Wissen. Patente sollen drei Kriterien erfüllen: Neuheit, Erfindungshöhe und gewerbliche Anwendbarkeit. Für die »Neuheit« ist erforderlich, dass die Erfindung nicht Teil des »Stands der Technik« oder bereits vorhandener Kenntnisse ist; »Erfindungshöhe« erfordert, dass jemand, der mit dem Stand einer Technik vertraut ist, nicht ohne Weiteres denselben Schritt tun würde. Die meisten Patente, die auf der Aneignung von indigenem Wissen basieren, verletzten diese Kriterien, denn sie reichen von direkter Piraterie bis zu kleineren Pfuschereien, bei denen Maßnahmen ergriffen werden, die für jeden, der mit den jeweiligen Techniken und Disziplinen vertraut ist, offensichtlich sind. Da ein Patent ein Exklusivrecht ist, das für eine Erfindung erteilt wird, sind Patente auf Leben und traditionelles Wissen doppelt schädlich und nicht nur ungerecht, sondern auch beleidigend. Solche Patente basieren nicht auf Erfindungen; sie fungieren als Instrumente, um die Armen daran zu hindern, ihre eigenen Bedürfnisse zu stillen und ihre eigene Biodiversität sowie ihr eigenes Wissen zu nutzen.

Patente auf Saatgut ermöglichen nicht nur Monopole auf gentechnisch veränderte Saaten, sie ermöglichen auch die Patentierung traditioneller Sorten und Eigenschaften, die von Bauern seit Jahrtausenden genutzt werden. Diese Form der Piraterie wird an den Beispielen von Reis und Weizen veranschaulicht.

Basmatireis wird auf dem indischen Subkontinent seit Jahrhunderten angebaut, wie uralte Texte, Folklore und Dichtungen zeigen. Eine der frühesten Erwähnungen von Basmati findet sich in dem berühmten Epos *Heer Ranjha*, das 1766 von dem Dichter Waris Shah verfasst wurde. Dieser von Natur aus besonders aromatische Reis wurde von den Adeligen geschätzt und sein Besitz aufmerksam bewacht, bei Ausländern war er hoch begehrt. Er entwickelte sich durch jahrhundertelange Beobachtung, Experimente und Selektion durch Bauern, die zahlreiche Sorten dieser Reispflanze entwickelt haben, um dadurch unterschiedlichen ökologischen Bedingungen, Erfordernissen der Zubereitung und

Geschmacksvorstellungen gerecht zu werden. In Indien werden 27 dokumentierte Varietäten von Basmatireis angebaut. Seine besonders hohe Qualität muss in erster Linie den Errungenschaften der Bauern des Subkontinents zuerkannt werden.

Am 2. September 1997 erhielt die Firma RiceTec mit Sitz in Texas das Patent mit der Nummer 5663484 auf Basmatireislinien und -körner. Das Patent auf diese »Erfindung« ist außergewöhnlich umfassend und enthält zwanzig Ansprüche. Das Patent deckt die Genlinien von Basmati ab und beinhaltet Gene von Varietäten, die von Bauern entwickelt wurden. Es vereinnahmte daher automatisch auch die Varietäten der Bauern und ermöglichte es Rice-Tec, Lizenzgebühren von Bauern einzufordern, die Sorten anbauten, die sie und ihre Vorväter selbst entwickelt hatten. RiceTecs Züchtung, die unter Markennamen wie Kasmati, Texmati und Jasmati gehandelt wird, besitzt dieselben Eigenschaften – langes Korn, ausgeprägtes Aroma, hohen Ertrag und halbhohen Wuchs – wie unsere traditionellen indischen Sorten. RiceTec-Reis ist im Wesentlichen von Basmati gezüchtet; er kann nicht als »neuartig« bezeichnet werden und sollte daher nicht patentierbar sein. In einer vierjährigen Kampagne haben wir durchgesetzt, dass die meisten Patentansprüche von RiceTec auf Basmatireis aufgehoben wurden.

Weizen spielt im Leben der meisten Inder eine zentrale Rolle. Seit Jahrtausenden ist es in mehreren Regionen Indiens das wichtigste Getreide. Indien ist der zweitgrößte Weizenproduzent (73,5 Millionen Tonnen) nach China. Fünfundzwanzig Millionen Hektar Weizen werden in Indien angebaut. Er ist für die meisten Inder nicht nur das wichtigste Grundnahrungsmittel, sondern wird auch im Zusammenhang mit religiösen Zeremonien und Festen verwendet. Jede traditionelle Sorte hat ihre eigene religiöse oder kulturelle Bedeutung. Die unterschiedlichen Varietäten von Weizen, seine diversen Zubereitungsarten in Ritualen und seine medizinischen und therapeutischen Eigenschaften sind in alten indischen Schriften und anderen Dokumenten belegt.

Monsantos Patent, das vom Europäischen Patentamt erteilt worden war, behauptete, Weizenpflanzen, die von einer traditionellen indischen Varietät abstammten, und Produkte mit den weich mahlenden Eigenschaften, die für den traditionellen indischen Weizen charakteristisch sind, »erfunden« zu haben. Monsantos Patent behauptete, dass seine Pflanzen aus Sorten eines traditionellen indischen Weizens namens Nap Hal entwickelt worden waren. Es gibt jedoch keinen traditionellen indischen Weizen namens Nap Hal. Auf Hindi würden diese Wörter »das, was keine Früchte trägt« bedeuten und könnte daher gut als Be-

zeichnung für Monsantos saatsterilisierende
Terminator-Technologie dienen. »Nap Hal« ist
offensichtlich eine Wortverdrehung von »Nepal«, da die Weizensorten nahe der Grenze zu
Nepal gesammelt wurden.

Im Februar 2004 legten die Research Foundation und Greenpeace Einspruch gegen Monsantos Biopiraterie ein. Im September wurde Monsantos Patent widerrufen. Die Siege bedeuten
jedoch nicht, dass unsere Arbeit abgeschlossen ist.
Konzerne lassen weiterhin Lebensformen patentieren und rauben traditionelles Wissen. Und sie
zwingen anderen Ländern weiterhin ungerechte,
unmoralische Saaten und Patentrechte auf.

Unter dem Vorwand, klimataugliche (»climate-
ready«) Getreidesorten zu entwickeln, reichen
die weltweit größten Saatgut- und Agrochemie-
konzerne Hunderte von umfassenden Multige-
nom-Patentanträgen ein, um so die Kontrolle
über die pflanzliche Biomasse des Planeten zu
erhalten. Weltweit wurden 1.663 (sowohl bean-
tragte als auch erteilte) Patente veröffentlicht,
die spezifische Ansprüche auf die Umwelt-
stressresistenz von Pflanzen (etwa gegen Dürre,
Hitze, Überflutung, Kälte und Salz) erheben.
DuPont, Monsanto, BASF, Bayer, Syngenta
und ihre Biotechnologie-Partner beanspruchen
mehr als drei Viertel (77 Prozent) der gekenn-
zeichneten Patentfamilien. Auf nur drei Firmen
– DuPont, BASF, Monsanto – entfallen mehr
als zwei Drittel aller Patentfamilien. Auf For-

scher in öffentlichen Institutionen entfallen nur zehn Prozent.

Diese Patente sind die jüngste Form von Biopiraterie, denn Bauern haben über Jahrtausende Arten gezüchtet, die gegen Dürre, Überflutung der Felder und Salzwasser resistent waren. Die Widerstandsfähigkeit gegenüber klimatischen Verhältnissen beruht letztlich auf den Innovationen der Bauern, auf Biodiversität und darauf, dass die Prozesse der ökologischen Landwirtschaft zukünftig in den Händen der bäuerlichen Communitys liegen.

Patente – Saatgutmonopole

Patente führen auch zu Saatgutmonopolen. Die Versorgung mit Baumwollsaatgut ist den Bauern und den öffentlichen Systemen zunehmend entglitten und in die Hände globaler Saatgutkonzerne wie Monsanto geraten. Das Auftreten multinationaler Saatgutkonzerne war Teil des Globalisierungsprozesses.

Die industrielle Herstellung von Saatgut impliziert mehrere gleichzeitige Veränderungen. Erstens beginnen riesige Konzerne damit, lokale Saatgutfirmen durch Übernahmen, Joint Ventures und Lizenzverträge zu kontrollieren, was zu einem Saatgutmonopol führt.

Zweitens wird Saatgut von einem öffentlichen Gut zum »geistigen Eigentum« von Monsanto, für das der Konzern durch Lizenzgebühren unbegrenzte Gewinne erwirtschaften kann. Für den Bauern bedeutet das höhere Schulden.

Drittens wird Saatgut von einer erneuerbaren, regenerativen und sich vervielfachenden Ressource zu einer nicht erneuerbaren Ressource und Ware. Saatgutknappheit und Saatgutbauern sind eine Folge von Saatgutmonopolen, die auf der Erneuerbarkeit von Saatgut beruhen und mit Kreuzungen beginnen und sich zu gentechnisch verändertem Saatgut wie Bt-Baumwolle entwickeln, wobei das Endziel in »Terminator«-Saatgut besteht, das aufgrund gentechnischer Manipulation steril ist. Jede dieser Technologien der Nichterneuerbarkeit wird nur von einem einzigen Faktor angetrieben – die Bauern zu zwingen, in jeder Saison neues Saatgut zu kaufen. Für die Bauern bedeutet dies höhere Kosten. Für die Saatgutkonzerne bedeutet es höhere Gewinne.

Viertens beruht die Entstehung von Saatgutmonopolen auf der gleichzeitigen Deregulierung von Saatgutkonzernen, die auch die Deregulierung von Biosicherheit und Saatgut sowie die übermäßige Kontrolle über das Saatgut und die eigenen Sorten der Bauern einschließt. Die Globalisierung ermöglichte es Saatgutfirmen, von ihnen selbst zertifiziertes Saatgut zu verkaufen; für das gentechnisch veränderte Saatgut streben sie hinsichtlich der Biosicherheit eine Selbstregulierung an. Dies ist das Hauptziel der kürzlich vorgeschlagenen Gründung einer Biotechnology Regulatory Authority, die in Wirklichkeit eine Behörde zur Deregulierung der Biosicherheit ist. Der Entwurf der Seeds Bill, 2004, der von den Bauern durch eine massive nationale Kampagne gewaltlosen Widerstands (Gandhian Seed Satyagraha) blockiert wurde, zielt darauf ab, alle Bauern zu zwingen, die Varietäten zu registrieren, die sie im Lauf von Jahrtausenden entwickelt haben. Dieses verpflichtende System der Registrierung und Lizenzierung beraubt die Bauern ihrer grundlegenden Freiheiten.

Fünftens zwingt das von Konzernen produzierte Saatgut den Bauern Monokulturen auf. Der Anbau von Baumwolle zusammen mit Getreide, Hülsenfrüchten, Ölsaaten und Gemüse wird durch eine Monokultur der Kreuzungen von Bt-Baumwolle ersetzt.

Staatliche Regulierung zerstört die Biodiversität und drängt alle Bauern in die Abhängigkeit von patentiertem Saatgut globaler Konzerne. Der Zwang zur Lizenzierung war das wichtigste Instrument, mit dem die Artenvielfalt und die Rechte der Bauern in den USA und Europa zerstört wurden.

In den vergangenen zehn Jahren sind die Selbstmordraten von Bauern in vier Staaten Indiens – Maharashtra, Andhra Pradesh, Kar-

nataka und Punjab – sprunghaft angestiegen.
Die Suizide kommen am häufigsten dort vor,
wo Bauern Baumwolle anbauen, und sind eine
direkte Folge der Entstehung von Saatgutmonopolen für Bt-Baumwolle; 95 Prozent aller
gentechnisch veränderten Baumwollsorten sind
mittlerweile Bt-Baumwolle. Offiziellen Anga-
ben zufolge haben in Indien seit 1997 mehr als
200.000 Bauern Selbstmord begangen. Für die
Bauern in der Dritten Welt ist die Kontrolle von
Konzernen über das Leben gleichbedeutend
mit der Auslöschung ihres Lebens.

Vandana Shiva (geb. 1952) ist Physikerin, Aktivistin und
Gründerin von Navdanya International, einem über sechzehn
indische Staaten ausgedehnten Netzwerk von Saatgutbanken
und Ökoproduzenten.

100 Notes – 100 Thoughts / 100 Notizen – 100 Gedanken

№012: Vandana Shiva
The Corporate Control of Life / Die Kontrolle von Konzernen über das Leben

dOCUMENTA (13), 9/6/2012 – 16/9/2012
Artistic Director / Künstlerische Leiterin: Carolyn Christov-Bakargiev
Agent, Member of Core Group, Head of Department /
Agentin, Mitglied der Kerngruppe, Leiterin der Abteilung: Chus Martínez
Head of Publications / Leiterin der Publikationsabteilung: Bettina Funcke

Managing Editor / Redaktion und Lektorat: Katrin Sauerländer
English Copyediting / Englisches Lektorat: Philomena Mariani
Proofreading / Korrektorat: Sam Frank, Cordelia Marten
Translation / Übersetzung: Barbara Hess
Graphic Design and Typesetting / Grafische Gestaltung und Satz: Leftloft
Typeface / Schrift: Glypha, Plantin
Production / Verlagsherstellung: Stefanie Langner
Reproductions / Reproduktionen: weyhing digital, Ostfildern
Paper / Papier: Pop'Set, 240 g/m^2, Munken Print Cream 15, 90 g/m^2
Printing / Druck: Dr. Cantz'sche Druckerei, Ostfildern
Binding / Buchbinderei: Gerhard Klein GmbH, Sindelfingen

Illustrations / Abbildungen: p. / S. 1: Fridericianum, September 1941 (detail / Detail),
Photohaus C. Eberth, Waldkappel; Universitätsbibliothek Kassel, Landesbibliothek
und Murhardsche Bibliothek der Stadt Kassel; p. / S. 2: © Navdanya International

**documenta und Museum Fridericianum
Veranstaltungs-GmbH**
Friedrichsplatz 18, 34117 Kassel | Germany / Deutschland
Tel. +49 561 70727-0 | Fax +49 561 70727-39 | www.documenta.de
Chief Executive Officer / Geschäftsführer: Bernd Leifeld

**Published by / Erschienen im
Hatje Cantz Verlag**
Zeppelinstrasse 32, 73760 Ostfildern | Germany / Deutschland
Tel. +49 711 4405-200 | Fax +49 711 4405-220 | www.hatjecantz.com
www.hatjecantz.com

ISBN 978-3-7757-2861-4 (Print)
ISBN 978-3-7757-3041-9 (E-Book)

Printed in Germany

Gefördert durch die

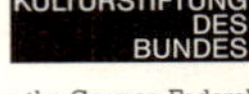

funded by the German Federal
Cultural Foundation